mokykla - 学校 2

kelionė - 旅行 5

transportas - 輸送 8

miestas - 都市 10

kraštovaizdis - 風景 14

restoranas - レストラン 17

prekybos centras - スーパーマーケット 20

gėrimai - 飲み物 22

maistas - 食べ物 23

ūkininko ūkis - 農場 27

namas - 家 31

svetainė - リビングルーム 33

virtuvė - 台所 35

vonios kambarys - 浴室 38

vaiko kambarys - 子供部屋 42

drabužis - 衣服 44

biuras - オフィス 49

ekonomika - 経済 51

profesijos - 職業 53

įrankiai - 道具 56

muzikos instrumentai - 楽器 57

zoologijos sodas - 動物園 59

sportas - スポーツ 62

užsiėmimai - 活動 63

šeima - 家族 67

kūnas - 体 68

ligoninė - 病院 72

nelaimingas atsitikimas - 救急 76

Žemė - 地球 77

laikrodis - 時計 79

savaitė - 週 80

metai - 年 81

formos - 形 83

spalvos - 色 84

priešingos reikšmės žodžiai - 反対 85

skaičiai - 数 88

kalbos - 言語 90

kas / ką / kaip - 誰 / 何 / どう 91

kur - どこ 92

Impressum
Verlag: BABADADA GmbH, Nedderfeld 112 , 22529 Hamburg
Geschäftsführer / Verlagsleitung: Harald Hof
Druck: Books on Demand GmbH, In de Tarpen 42, 22848 Norderstedt

Imprint
Publisher: BABADADA GmbH, Nedderfeld 112 , 22529 Hamburg, Germany
Managing Director / Publishing direction: Harald Hof
Print: Books on Demand GmbH, In de Tarpen 42, 22848 Norderstedt, Germany

mokykla

学校

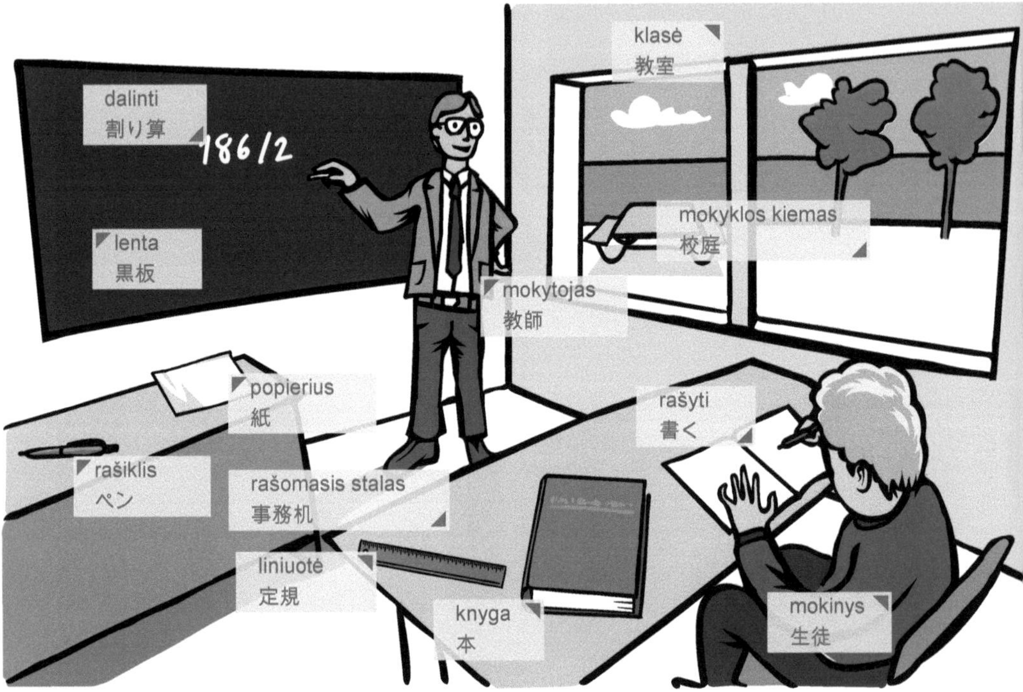
klasė
教室
dalinti
割り算
186/2
lenta
黒板
mokyklos kiemas
校庭
mokytojas
教師
popierius
紙
rašyti
書く
rašiklis
ペン
rašomasis stalas
事務机
liniuotė
定規
knyga
本
mokinys
生徒

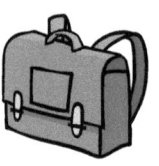

kuprinė

ランドセル

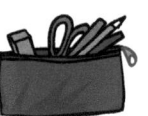

penalas

筆入れ

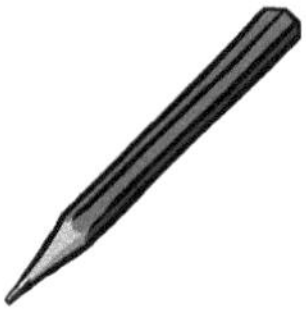

pieštukas

鉛筆

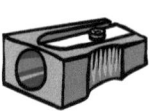

drožtukas

鉛筆削り

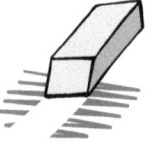

trintukas

消しゴム

piešimo bloknotas

スケッチブック

piešinys

スケッチ

teptukas

絵筆

dažų dėžutė

絵の具箱

žirklės

はさみ

klijai

接着剤

vadovėlis

練習帳

namų darbai

宿題

12

numeris

数

2+2

pridėti

足し算

5-2

atimti

引き算

2×2

dauginti

かけ算

skaičiuoti

計算する

A

raidė

文字

ABCDEFG HIJKLMN OPQRSTU VWXYZ

abėcėlė

アルファベット

žodis

単語

tekstas

テキスト

skaityti

読む

kreida

チョーク

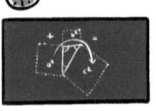

pamoka

授業

dienynas

学級日誌

egzaminas

試験

pažymėjimas

通知表

mokyklinė uniforma

制服

išsilavinimas

教育

enciklopedija

百科事典

universitetas

大学

mikroskopas

顕微鏡

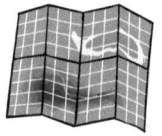

žemėlapis

地図

šiukšliadėžė

ごみ箱

kelionė
旅行

viešbutis
ホテル
Grand
svečių namai
ホステル
ROOMS
€CHANGE
valiutos keitykla
両替所
lagaminas
スーツケース
mašina
自動車

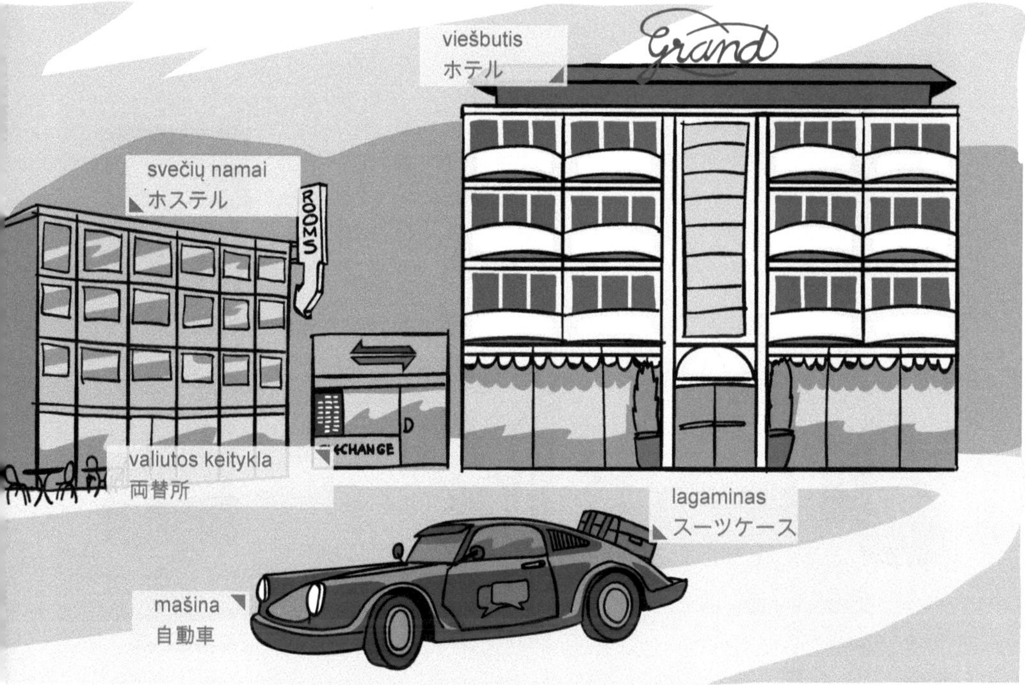

kalba

言語

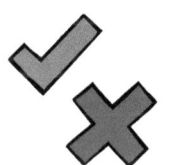

taip / ne

はい / いいえ

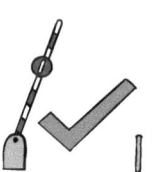

Gerai

問題ない

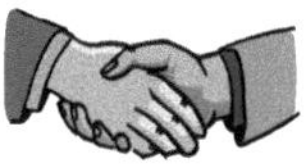

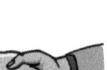

sveiki

ハロー

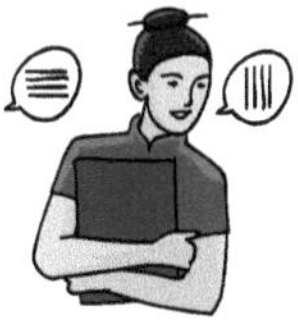

vertėjas raštu

翻訳者

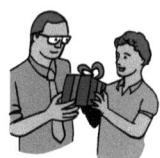

Ačiū

ありがとう

kiek kainuoja...?

...はいくらですか？

aš nesuprantu

わかりません

problema

問題

Labas vakaras!

こんばんは！

Labas rytas!

おはようございます！

Labos nakties!

おやすみなさい！

viso gero

さようなら

kryptis

方向

bagažas

手荷物

krepšys

バッグ

kuprinė

リュックサック

svečias

お客様

kambarys

部屋

miegmaišis

寝袋

palapinė

テント

turizmo informacija

旅行者情報

paplūdimys

ビーチ

kreditinė kortelė

クレジットカード

pusryčiai

朝食

pietūs

昼食

vakarienė

夕食

bilietas

チケット

liftas

エレベーター

pašto ženklas

スタンプ

siena

境界

muitinė

税関

ambasada

大使館

viza

ビザ

pasas

パスポート

transportas
輸送

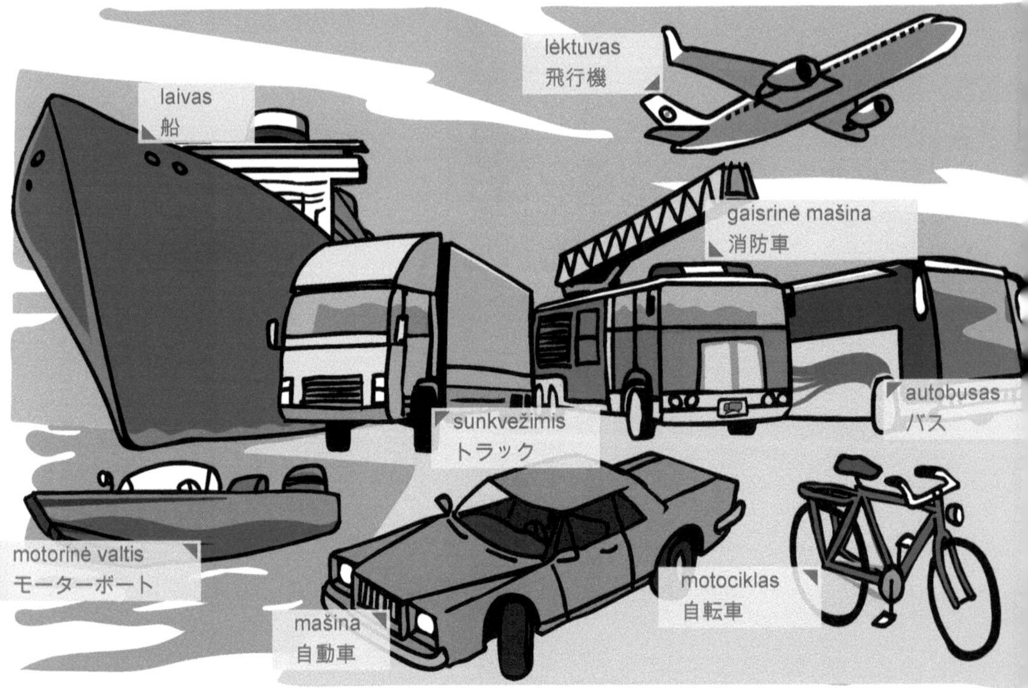

lėktuvas
飛行機
laivas
船
gaisrinė mašina
消防車
autobusas
バス
sunkvežimis
トラック
motorinė valtis
モーターボート
motociklas
自転車
mašina
自動車

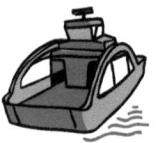

keltas
フェリー

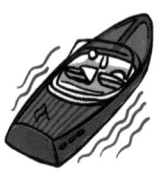

valtis
ボート

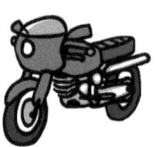

mopedas
バイク

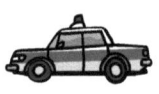

policijos automobilis
パトカー

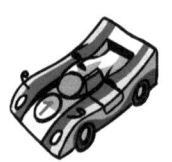

lenktyninis automobilis
レーシングカー

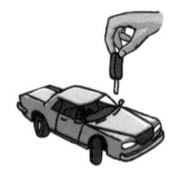

nuomojamas automobilis
レンタカー

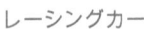

bendras automobilio
naudojimas

カーシェアリング

techninės pagalbos
automobilis

レッカー車

šiukšliavežė

ごみ収集車

variklis

モーター

degalai

燃料

degalinė

ガソリンスタンド

kelio ženklas

交通標識

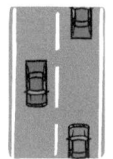

eismas

交通

eismo spūstis

渋滞

mašinų stovėjimo aikštelė

駐車場

traukinių stotis

駅

bėgiai

道

traukinys

列車

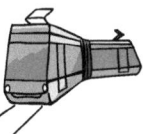

tramvajus

路面電車

vagonas

車両

sraigtasparnis
ヘリコプター

oro uostas
空港

bokštas
タワー

keleivis
乗客

konteineris
コンテナ

dėžė
段ボール箱

vežimėlis
カート

krepšys
カゴ

pakilti / nusileisti
離陸 / 着陸

miestas

都市

kaimas
村

miesto centras
都心

namas
家

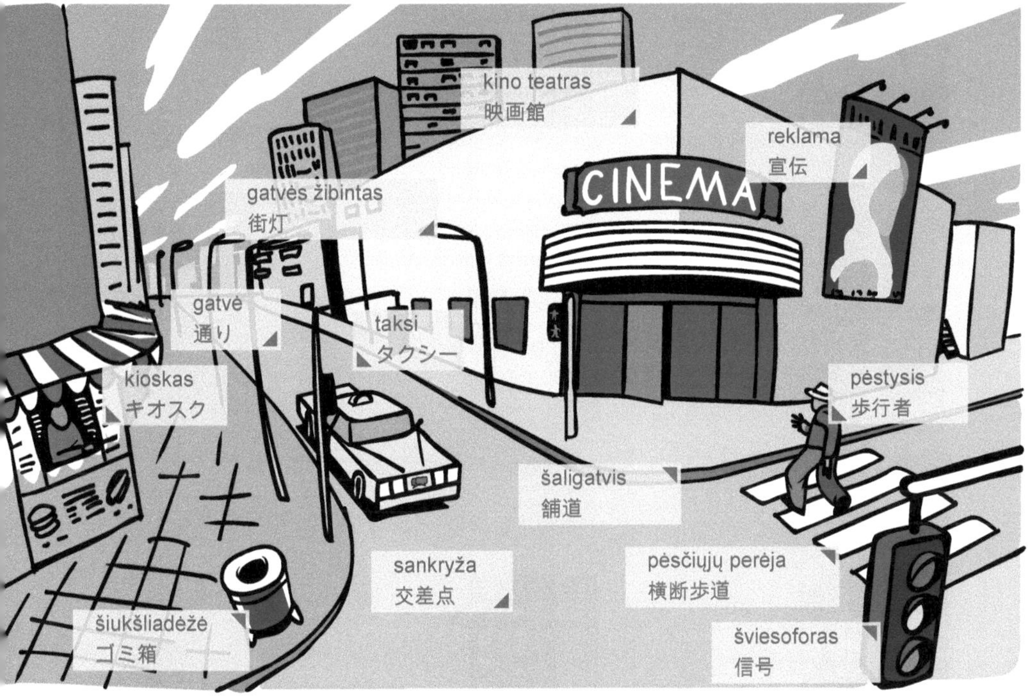

kino teatras
映画館
reklama
宣伝
CINEMA
gatvės žibintas
街灯
gatvė
通り
taksi
タクシー
kioskas
キオスク
pėstysis
歩行者
šaligatvis
舗道
sankryža
交差点
pėsčiųjų perėja
横断歩道
šiukšliadėžė
ゴミ箱
šviesoforas
信号

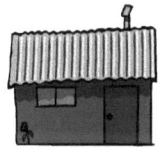

trobelė

小屋

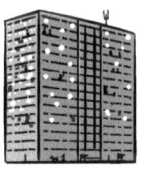

butas

アパート

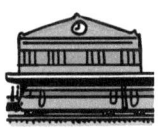

traukinių stotis

駅

rotušė

市役所

MUSEUM

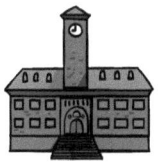

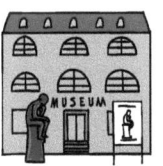

muziejus

美術館

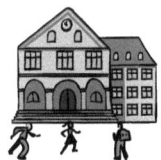

mokykla

学校

universitetas

大学

bankas

銀行

ligoninė

病院

viešbutis

ホテル

vaistinė

薬局

biuras

オフィス

knygynas

書店

parduotuvė

ショップ

gėlių parduotuvė

花屋

prekybos centras

スーパーマーケット

turgus

市場

universalinė parduotuvė

デパート

žuvies parduotuvė

魚屋

prekybos centras

ショッピングセンター

uostas

港

parkas
公園

suoliukas
ベンチ

tiltas
橋

laiptai
階段

metro
地下鉄

tunelis
トンネル

autobusų stotelė
バス停

baras
バー

restoranas
レストラン

lauko pašto dėžutė
ポスト

kelio ženklas
道路標識

parkomatas
パーキングメーター

zoologijos sodas
動物園

baseinas
スイミングプール

mečetė
モスク

ūkininko ūkis

農場

tarša

汚染

kapinės

墓地

bažnyčia

教会

žaidimų aikštelė

遊び場

šventykla

寺

kraštovaizdis

風景

lapas
葉

kelio rodyklė
道標

kelias
道

pieva
草地

akmuo
石

medis
木

ėjikas
ハイカー

upė
川

žolė
草

gėlė
花

slėnis

谷

kalva

山

ežeras

湖

miškas

森

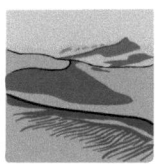

dykuma

砂漠

ugnikalnis

火山

pilis

城

vaivorykštė

虹

grybas

キノコ

palmė

ヤシの木

uodas

蚊

musė

ハエ

skruzdėlė

蟻

bitė

ミツバチ

voras

クモ

vabalas

カブトムシ

varlė

蛙

voverė

リス

ežys

ハリネズミ

kiškis

ウサギ

pelėda

フクロウ

paukštis

鳥

gulbė

白鳥

šernas

雄豚

elnias

鹿

briedis

ヘラジカ

užtvanka

ダム

vėjo jėgainė

風力タービン

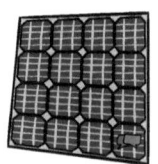

saulės baterija

ソーラーパネル

klimatas

気候

restoranas
レストラン

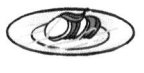

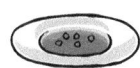

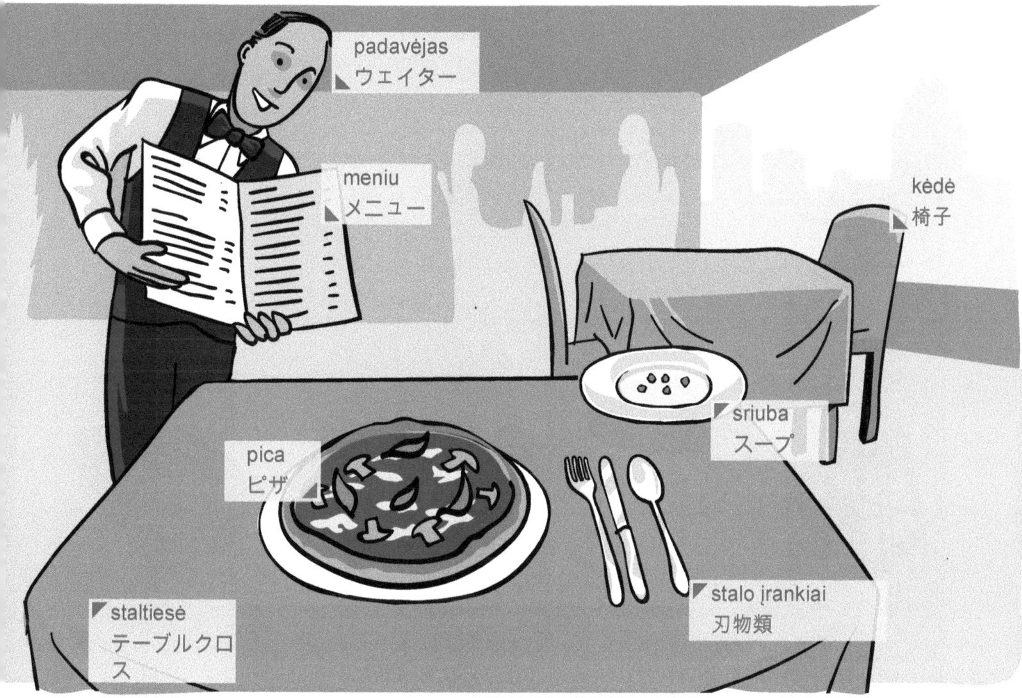

padavėjas
ウェイター
meniu
メニュー
kėdė
椅子
sriuba
スープ
pica
ピザ
stalo įrankiai
刃物類
staltiesė
テーブルクロス

užkandis

前菜

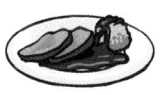

pagrindinis patiekalas

メインコース

desertas

デザート

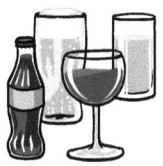

gėrimai

飲み物

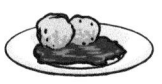

maistas

食べ物

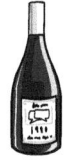

butelis

ボトル

greitai pateikiamas maistas

ファストフード

gatvės maistas

屋台の食べ物

arbatinukas

ティーポット

cukrinė

砂糖入れ

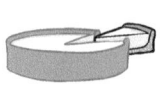

porcija

一人前

espreso aparatas

エスプレッソマシン

aukšta kėdė

幼児用食事椅子

sąskaita

請求書

padėklas

トレー

peilis

ナイフ

šakutė

フォーク

šaukštas

スプーン

arbatinis šaukštelis

ティースプーン

servetėlė

ナプキン

stiklinė

グラス

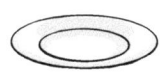

lėkštė
皿

sriubos lėkštė
スープ皿

padėklas
受け皿

padažas
ソース

druskinė
塩入れ

pipirų malūnėlis
ペッパーミル

actas
酢

aliejus
油

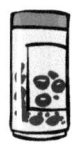

prieskoniai
スパイス

kečupas
ケチャップ

garstyčios
マスタード

majonezas
マヨネーズ

prekybos centras

スーパーマーケット

specialus pasiūlymas
特価品
FOR
pirkėjas
顧客
pieno produktai
乳製品
vaisiai
果物
troleibusas
ショッピング・
カート

BUTCHERS

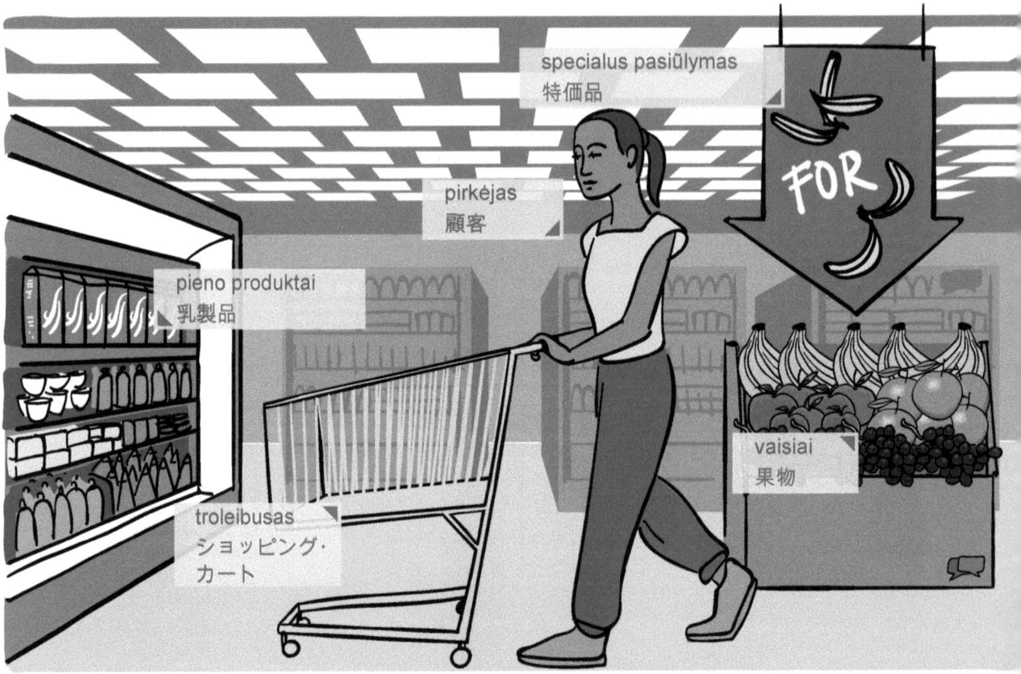

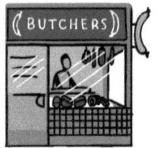

mėsos parduotuvė

肉屋

BAKERY

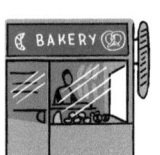

kepykla

パン屋

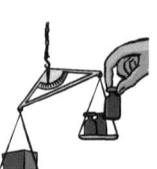

sverti

重さをはかる

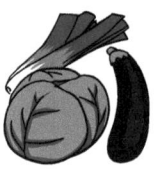

daržovės

野菜

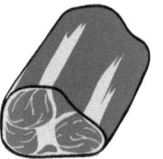

mėsa

肉

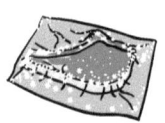

šaldytas maistas

冷凍食品

šalti mėsos užkandžiai

冷肉の薄切り

konservai

缶詰食品

skalbimo milteliai

洗剤

saldumynai

菓子

ūkinės prekės

家庭用品

valymo priemonės

清掃用品

pardavėja

販売員

kasos aparatas

現金箱

kasininkas

レジ係

pirkinių sąrašas

買い物リスト

darbo valandos

開館時刻

piniginė

財布

kreditinė kortelė

クレジットカード

maišelis

バッグ

plastikinis maišelis

ポリ袋

vanduo

水

sultys

ジュース

pienas

牛乳

kola

コーラ

vynas

ワイン

alus

ビール

alkoholis

アルコール

kakava

ココア

arbata

紅茶

kava

コーヒー

espresas

エスプレッソ

kapučinas

カプチーノ

bananas

バナナ

obuolys

リンゴ

apelsinas

オレンジ

arbūzas

メロン

citrina

レモン

morka

ニンジン

česnakas

ニンニク

bambukas

竹

svogūnas

玉ねぎ

grybas

キノコ

riešutai

ナッツ

makaronai

ヌードル

spagečiai

スパゲッティ

ryžiai

米

salotos

サラダ

traškučiai

フライドポテト

keptos bulvės

フライドポテト

pica

ピザ

mėsainis

ハンバーガー

sumuštinis

サンドウィッチ

pjausnys

カツレツ

kumpis

ハム

saliamis

サラミ

dešrelė

ソーセージ

vištiena

鶏肉

kepsnys

焼き

žuvis

魚

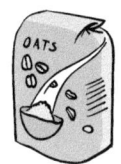

avižų dribsniai

麦のお粥

dribsniai su priedais

ムーズリ

kukurūzų dribsniai

コーンフレーク

miltai

小麦粉

prancūziškasis ragelis

クロワッサン

bandelė

ロールパン

duona

パン

skrebutis

トースト

sausainiai

ビスケット

sviestas

バター

varškė

カッテージチーズ

tortas

ケーキ

kiaušinis

卵

kiaušinienė

目玉焼き

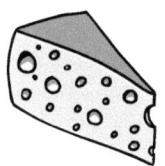

sūris

チーズ

ledai

アイスクリーム

cukrus

砂糖

medus

はちみつ

uogienė

ジャム

tepamas šokoladas

ヌガークリーム

karis

カレー

sodyba
農家

šieno kupeta
ストローベール

klėtis
納屋

laukas
畑

arklys
馬

priekaba
トレーラー

kumeliukas
子馬

traktorius
トラクター

asilas
ロバ

avis
羊

ėriukas
子羊

ožys

ヤギ

karvė

雌牛

veršis

子牛

kiaulė

豚

paršelis

子豚

bulius

雄牛

žąsis

ガチョウ

antis

アヒル

viščiukas

ひよこ

višta

にわとり

gaidys

おんどり

žiurkė

ネズミ

katė

猫

pelė

ねずみ

jautis

雄牛

šuo

犬

šuns būda

犬小屋

sodo namas

散水ホース

laistytuvas

じょうろ

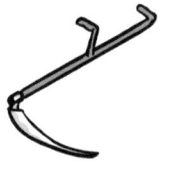

dalgis

大鎌

plūgas

すき

pjautuvas

草刈り鎌

kauptukas

くわ

šakės

堆肥用フォーク

kirvis

斧

statinė

手押し車

lovys

かいばおけ

bidonas

牛乳缶

maišas

袋

tvora

フェンス

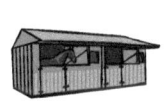

arklidė

畜舎

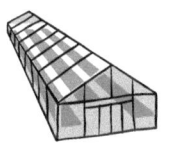

šiltnamis

温室

dirva

土壌

sėkla

種

trąšos

肥料

kombainas

コンバイン

rinkti

収穫する

derlius

収穫

saldžiosios bulvės

ヤマイモ

kviečiai

小麦

soja

大豆

bulvė

じゃがいも

kukurūzai

トウモロコシ

rapsai

菜種

vaismedis

果樹

manijokas

キャッサバ

grūdai

穀物

namas
家

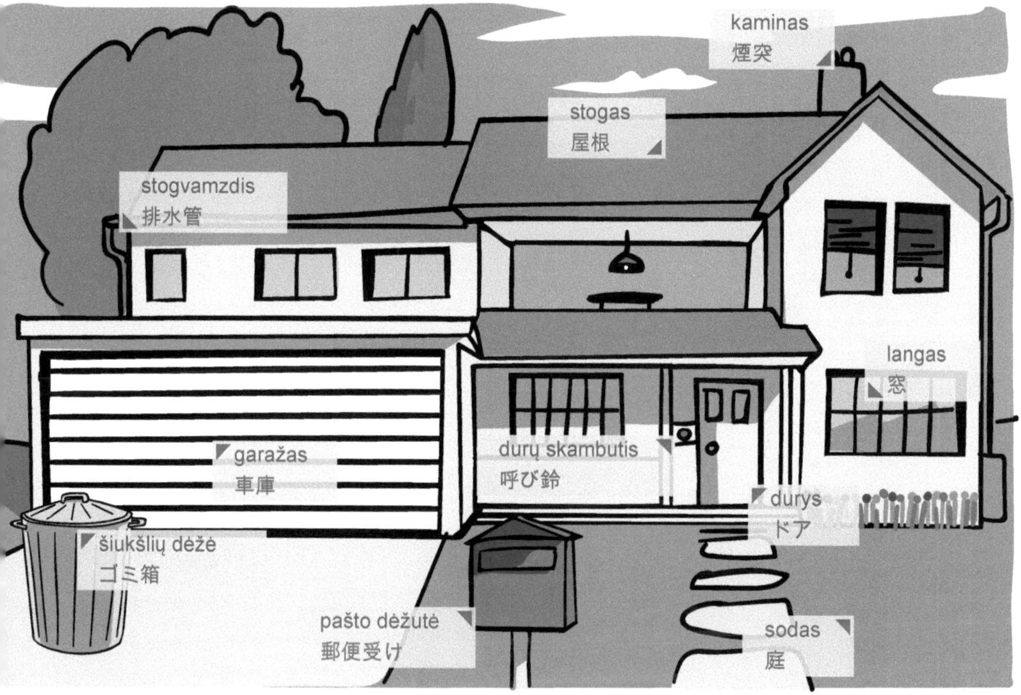

kaminas
煙突
stogas
屋根
stogvamzdis
排水管
langas
窓
garažas
車庫
durų skambutis
呼び鈴
durys
ドア
šiukšlių dėžė
ゴミ箱
pašto dėžutė
郵便受け
sodas
庭

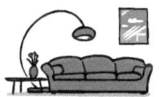

svetainė

リビングルーム

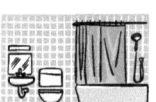

vonios kambarys

浴室

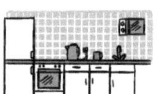

virtuvė

台所

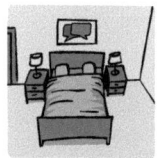

miegamasis

寝室

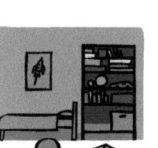

vaiko kambarys

子供部屋

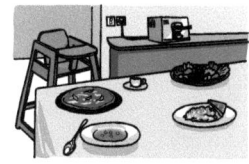

valgomasis

ダイニング· ルーム

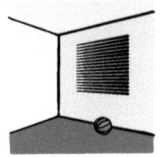

grindys
床

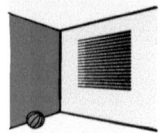

siena
壁

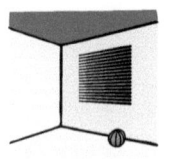

lubos
天井

rūsys
地下貯蔵庫

sauna
サウナ

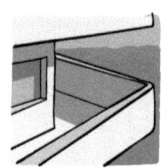

balkonas
バルコニー

terasa
テラス

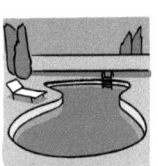

baseinas
プール

žoliapjovė
芝刈り機

paklodė
シーツ

lovatiesė
ベッドカバー

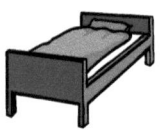

lova
ベッド

šluota
ほうき

kibiras
バケツ

jungiklis
スイッチ

svetainė
リビングルーム

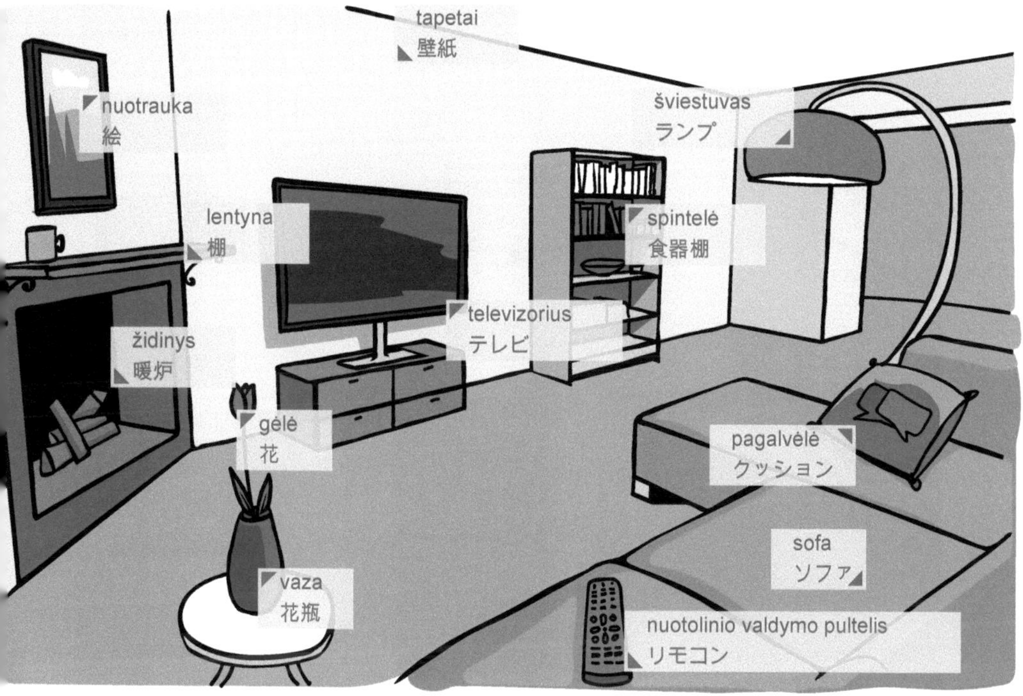
tapetai
壁紙
nuotrauka
絵
šviestuvas
ランプ
lentyna
棚
spintelė
食器棚
televizorius
テレビ
židinys
暖炉
gėlė
花
pagalvėlė
クッション
sofa
ソファ
vaza
花瓶
nuotolinio valdymo pultelis
リモコン

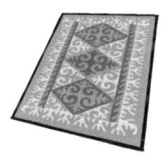

kilimas

カーペット

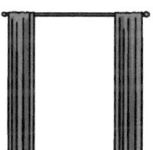

užuolaida

カーテン

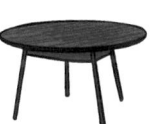

stalas

テーブル

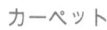

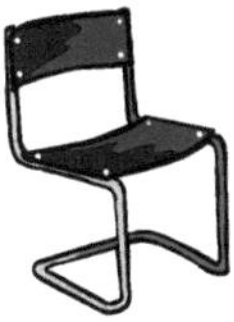

kėdė

椅子

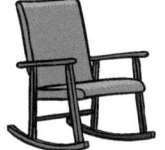

supamasis krėslas

ロッキングチェア

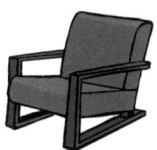

fotelis

ひじ掛け椅子

knyga

本

antklodė

毛布

papuošimai

飾り

malkos

たきぎ

filmas

映画

stereo aparatūra

ステレオ

raktas

鍵

laikraštis

新聞

paveikslas

絵画

plakatas

ポスター

radijas

ラジオ

užrašų knygelė

メモ帳

dulkių siurblys

掃除機

kaktusas

サボテン

žvakė

ろうそく

virtuvė

台所

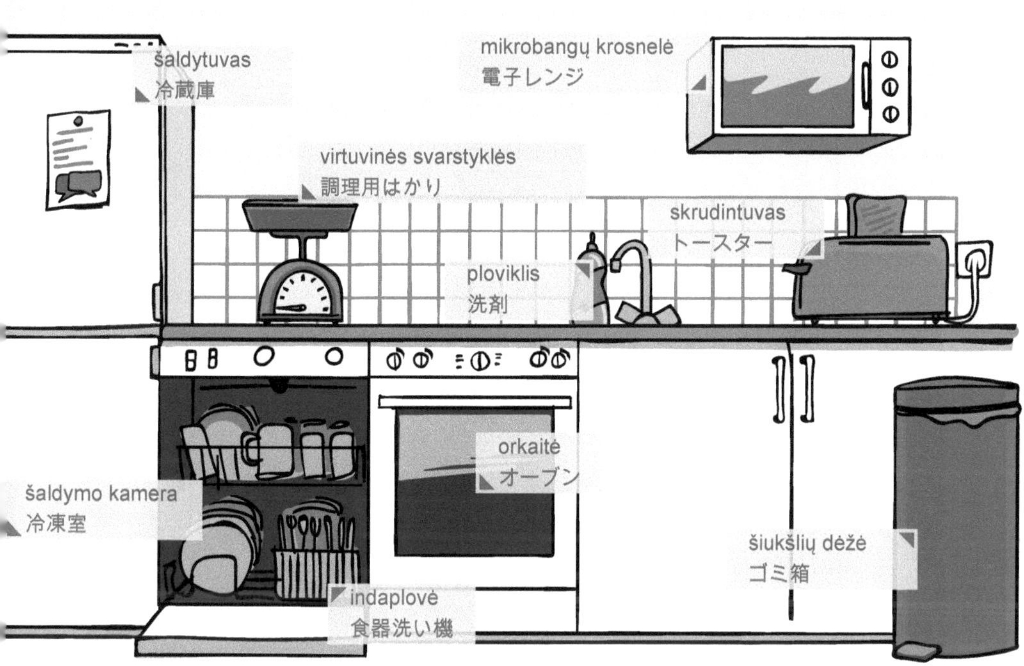

šaldytuvas
冷蔵庫
mikrobangų krosnelė
電子レンジ
virtuvinės svarstyklės
調理用はかり
skrudintuvas
トースター
ploviklis
洗剤
orkaitė
オーブン
šaldymo kamera
冷凍室
šiukšlių dėžė
ゴミ箱
indaplovė
食器洗い機

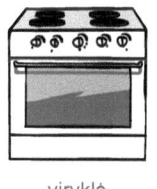

viryklė

こんろ

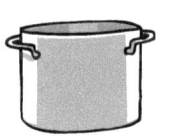

puodas

鍋

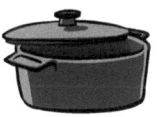

ketaus puodas

鉄鍋

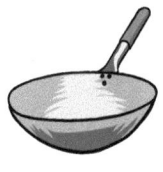

„wok“ keptuvė

中華鍋/ カダイ鍋

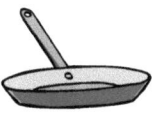

keptuvė

フライパン

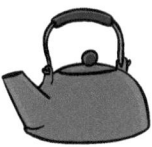

virdulys

やかん

garų puodas

蒸し器

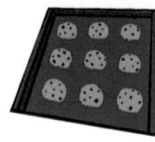

kepimo skarda

天板

porceliano indai

食器

puodelis

マグカップ

dubuo

ボウル

valgomosios lazdelės

箸

samtis

おたま

mentelė

へら

plaktuvas

泡立て器

koštuvas

こし器

sietas

ふるい

trintuvė

すりおろし器

grūstuvė

すり鉢

kepsninė

バーベキュー

atvira liepsna

かまど

pjaustymo lentelė

まな板

kočėlas

麺棒

kamščiatraukis

栓抜き

skardinė

缶

skardinių atidarytuvas

缶切り

puodkėlė

鍋つかみ

kriauklė

流し

šepetys

ブラシ

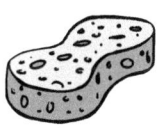

kempinė

スポンジ

trintuvas

ミキサー

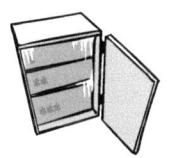

šaldiklis

冷凍庫

kūdikių buteliukas

哺乳瓶

čiaupas

蛇口

vonios kambarys

浴室

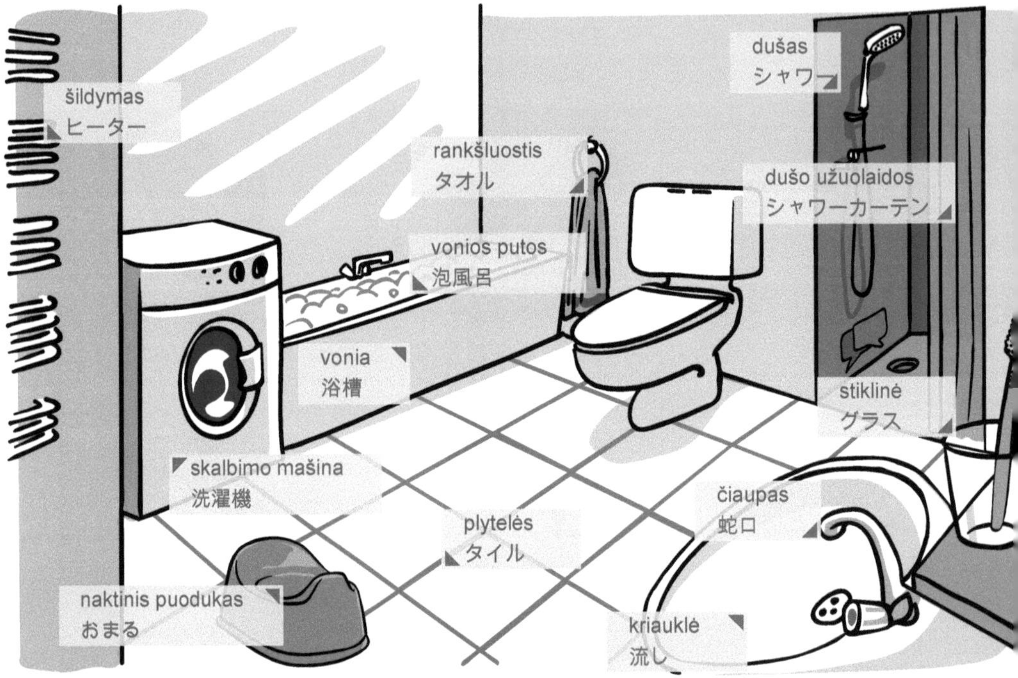

dušas
シャワー
šildymas
ヒーター
rankšluostis
タオル
dušo užuolaidos
シャワーカーテン
vonios putos
泡風呂
vonia
浴槽
stiklinė
グラス
skalbimo mašina
洗濯機
čiaupas
蛇口
plytelės
タイル
naktinis puodukas
おまる
kriauklė
流し

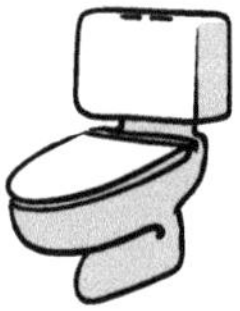

unitazas

トイレ

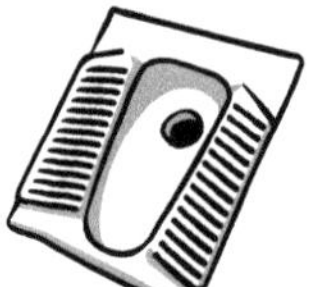

tupimasis unitazas

和式トイレ

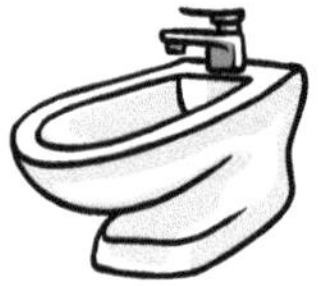

bidė

ビデ

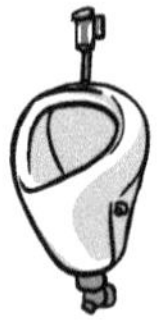

pisuaras

小便器

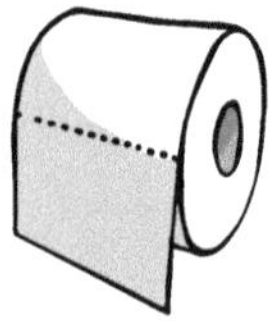

tualetinis popierius

トイレットペーパー

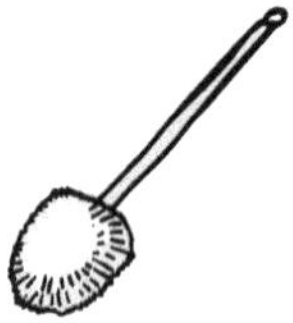

unitazo šepetys

トイレブラシ

dantų šepetėlis

歯ブラシ

dantų pasta

歯みがき

dantų siūlas

デンタルフロス

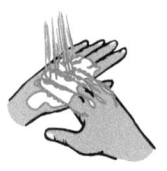

plauti

洗う

dušo galvutė

シャワーヘッド

higieninis dušas

ハンドビデ

praustuvas

洗面台

nugaros plaušinė

ボディブラシ

muilas

石鹸

dušo želė

シャワー用ジェル

šampūnas

シャンプー

plaušinė

浴用タオル

kanalizacija

排水口

kremas

クリーム

dezodorantas

消臭

veidrodis

鏡

veidrodėlis

手鏡

skustuvas

かみそり

skutimosi putos

シェービング・フォーム

losjonas po skutimosi

アフターシェーブローション

šukos

櫛

šepetys

ブラシ

plaukų džiovintuvas

ドライヤー

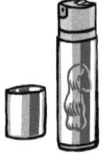

plaukų lakas

ヘアスプレー

makiažas

化粧

lūpdažis

口紅

nagų lakas

マニキュア

vata

脱脂綿

žirklutės nagams

爪切り

kvepalai

香水

maišelis skalbiniams

洗面用具入れ

taburetė

スツール

svarstyklės

体重計

chalatas

バスローブ

guminės pirštinės

ゴム手袋

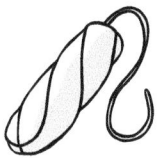

tamponas

タンポン

higieninis įklotas

生理用ナプキン

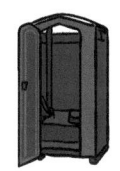

biotualetas

ケミカルトイレ

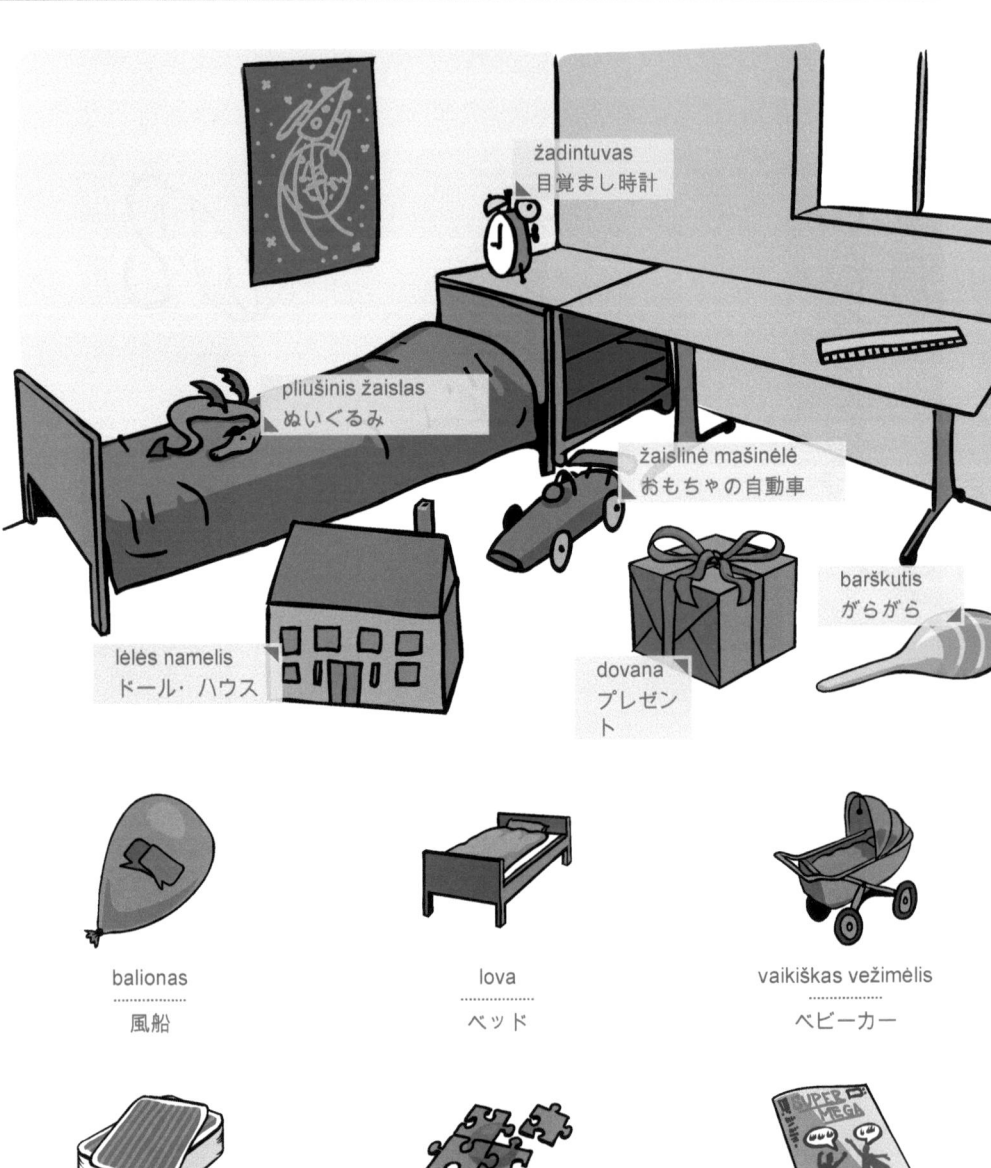

žadintuvas
目覚まし時計

pliušinis žaislas
ぬいぐるみ

žaislinė mašinėlė
おもちゃの自動車

barškutis
がらがら

lėlės namelis
ドール・ハウス

dovana
プレゼント

balionas
風船

lova
ベッド

vaikiškas vežimėlis
ベビーカー

kortų malka
カードゲーム

delionė
ジグソーパズル

komiksai
漫画

42

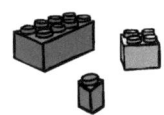

lego kaladėlės

レゴ

žaislinės kaladėlės

玩具ブロック

figūrėlė

アクションフィギュア

šliaužtinukai

ロンパース

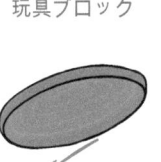

métymo lėkštė

フリスビー

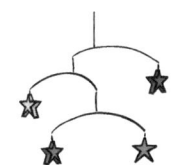

karuselė

モバイル

stalo žaidimas

ボードゲーム

kauliukai

さいころ

žaislinis traukinys

鉄道模型

žindukas

おしゃぶり

vakarėlis

パーティー

paveiksliukų knygelė

絵本

kamuolys

ボール

lėlė

人形

žaisti

遊ぶ

smėlio dėžė

砂場

sūpynės

ブランコ

žaislai

おもちゃ

žaidimų konsolė

ゲーム機

triratukas

三輪車

meškiukas

テディベア

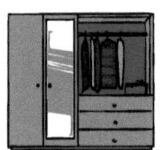

drabužių spinta

衣装ダンス

drabužis

衣服

kojinės

靴下

kojinės virš kelių

ストッキング

pėdkelnės

タイツ

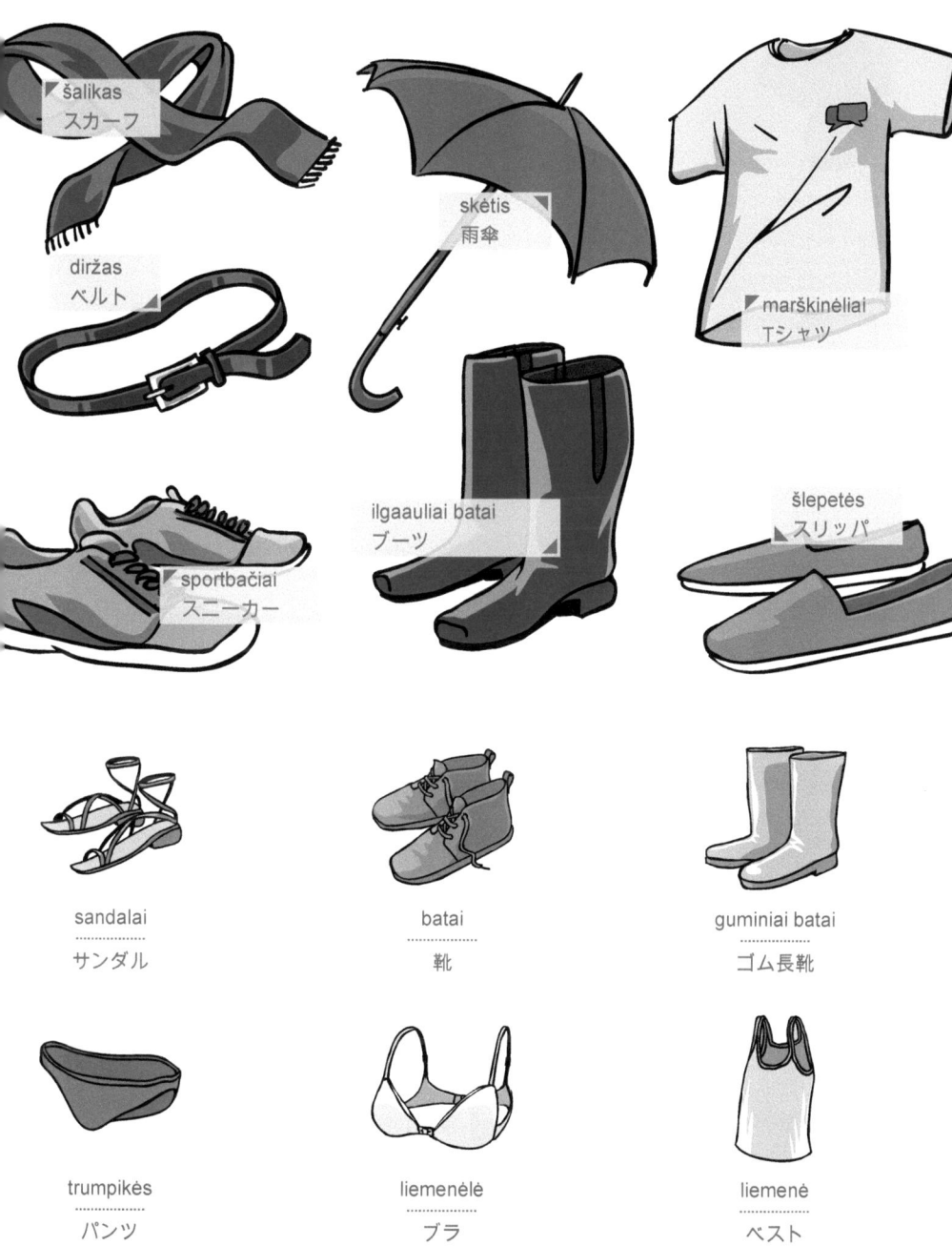

šalikas
スカーフ

diržas
ベルト

skėtis
雨傘

marškinėliai
Tシャツ

ilgaauliai batai
ブーツ

šlepetės
スリッパ

sportbačiai
スニーカー

sandalai
サンダル

batai
靴

guminiai batai
ゴム長靴

trumpikės
パンツ

liemenėlė
ブラ

liemenė
ベスト

glaustinukė

ボディースーツ

kelnės

ズボン

džinsai

ジーンズ

sijonas

スカート

palaidinė

ブラウス

marškiniai

シャツ

megztinis

セーター

megztinis su gobtuvu

パーカー

švarkelis

ブレザー

švarkas

ジャケット

paltas

コート

lietpaltis

レインコート

kostiumas

服装

suknelė

ドレス

vestuvinė suknelė

ウェディングドレス

kostiumas

スーツ

naktiniai marškiniai

ナイトガウン

pižama

パジャマ

saris

サリー

skarelė

ヘッドスカーフ

tiurbanas

ターバン

burka

ブルカ

kaftanas

カフタン

abaja

アバヤ

maudymosi kostiumėlis

水着

glaudės

トランクス

šortai

半ズボン

sportinis kostiumas

スウェットスーツ

prijuostė

エプロン

pirštinės

手袋

saga

ボタン

akiniai

メガネ

apyrankė

ブレスレット

vėrinys

ネックレス

žiedas

指輪

auskaras

イヤリング

kepurė

帽子

pakabas

ハンガー

skrybėlė

帽子

kaklaraištis

ネクタイ

užtrauktukas

ファスナー

šalmas

ヘルメット

breketai

サスペンダー

mokyklinė uniforma

制服

uniforma

ユニフォーム

drabužis - 衣服

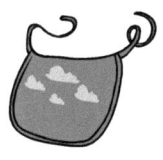

seilinukas

よだれかけ

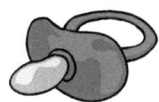

žindukas

おしゃぶり

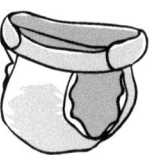

vystyklai

おむつ

biuras

オフィス

serveris
サーバ
dokumentų spinta
書類キャビネット
spausdintuvas
プリンター
popierius
紙
vaizduoklis
モニター
pelė
マウス
rašomasis stalas
事務机
aplankas
フォルダー
klaviatūra
キーボード
šiukšliadėžė
ごみ箱
kompiuteris
コンピューター
kėdė
椅子

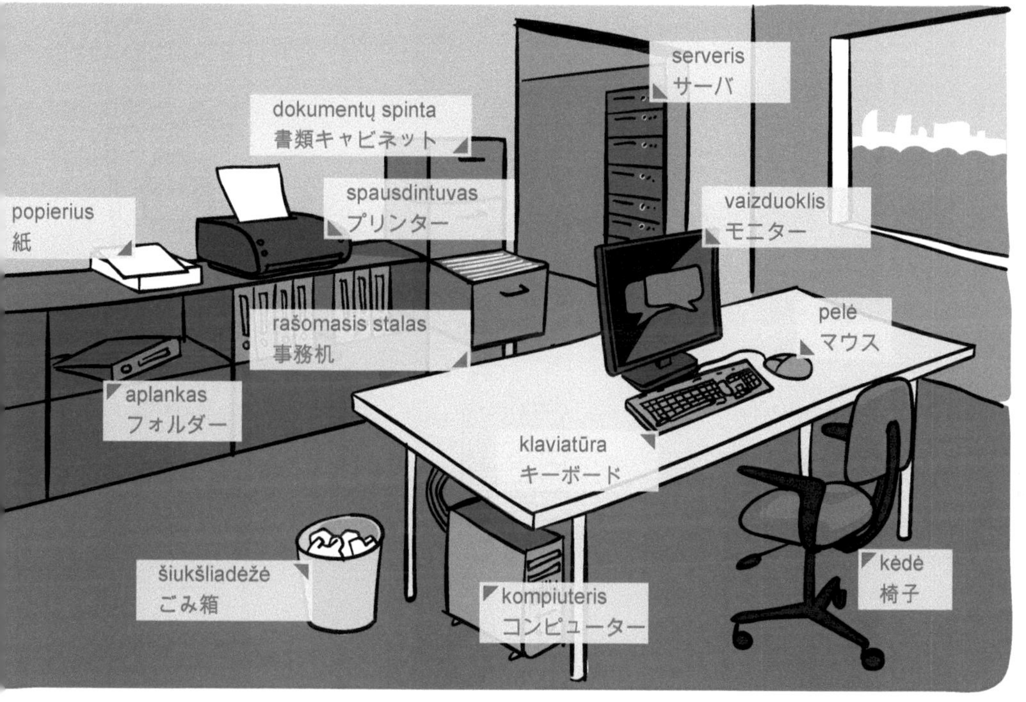

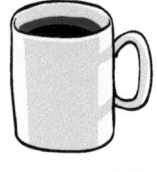

kavos puodelis

コーヒーマグ

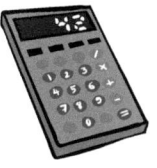

kalkuliatorius

計算機

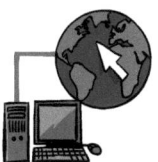

internetas

インターネット

nešiojamasis kompiuteris

ラップトップ

laiškas

手紙

žinutė

メッセージ

mobilusis telefonas

携帯電話

tinklas

ネットワーク

fotokopijavimo aparatas

コピー機

programinė įranga

ソフトウェア

telefonas

電話

kištukinis lizdas

コンセント

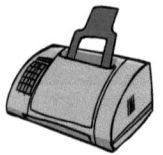

faksas

ファックス

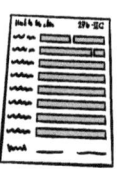

forma

フォーム

dokumentas

書類

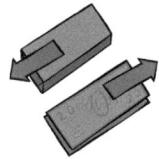

pirkti

買う

mokėti

支払う

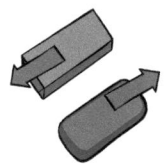

prekiauti

取引する

pinigai

お金

doleris

ドル

euras

ユーロ

jena

円

rublis

ルーブル

Šveicarijos frankas

スイスフラン

juanis

人民元

rupija

ルピー

bankomatas

キャッシュポイント

valiutos keitykla

両替所

auksas

金

sidabras

銀

nafta

油

energija

エネルギー

kaina

価格

sutartis

契約

mokestis

税金

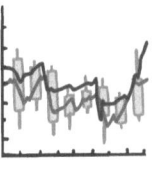

akcijos

株

dirbti

働く

darbuotojas

従業員

darbdavys

雇用主

gamykla

工場

parduotuvė

ショップ

profesijos
職業

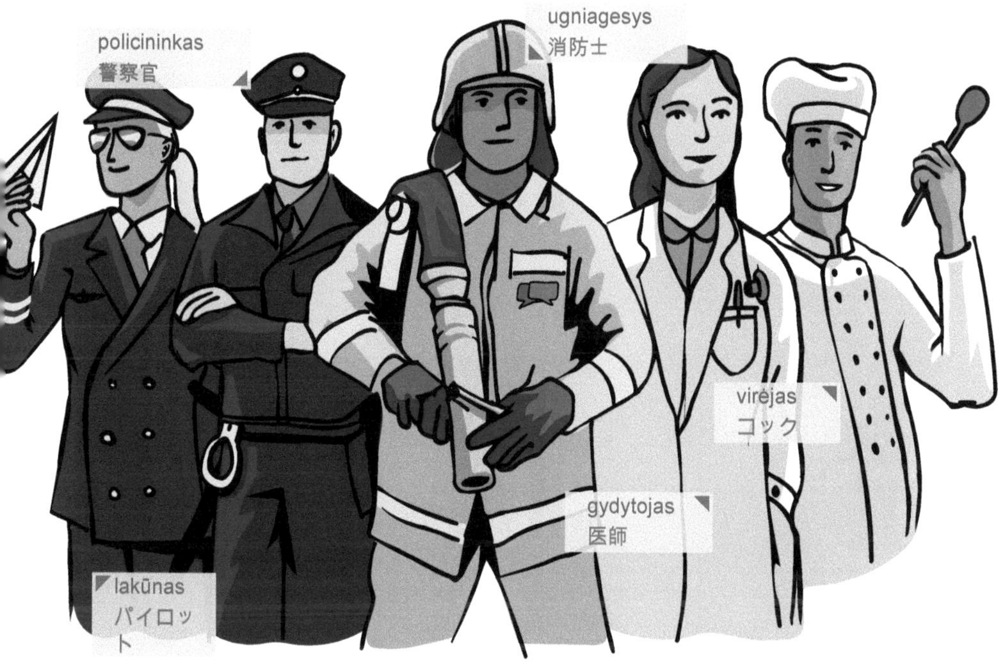
policininkas
警察官
ugniagesys
消防士
virėjas
コック
gydytojas
医師
lakūnas
パイロット

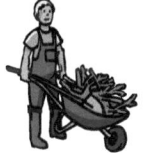

sodininkas
庭師

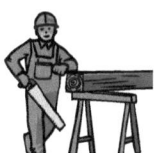

stalius
大工

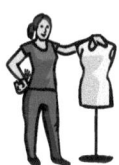

siuvėja
お針子

teisėjas
裁判官

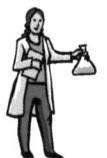

chemikas
化学者

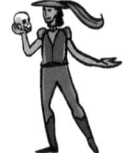

aktorius
俳優

autobuso vairuotojas

バスの運転手

taksi vairuotojas

タクシー運転手

žvejys

漁師

valytoja

掃除婦

stogdengys

屋根ふき職人

padavėjas

ウェイター

medžiotojas

ハンター

dailininkas

塗装工

kepėjas

パン屋

elektrikas

電気工

statybininkas

建設作業員

inžinierius

エンジニア

mėsininkas

肉屋

santechnikas

配管工

paštininkas

郵便配達人

kareivis

軍人

architektas

建築家

kasininkas

レジ係

gėlininkas

花屋

kirpėjas

美容師

konduktorius

車掌

mechanikas

機械工

kapitonas

キャプテン

odontologas

歯科医

mokslininkas

科学者

rabinas

ラビ

imamas

イスラム導師

vienuolis

修道士

kunigas

牧師

įrankiai
道具

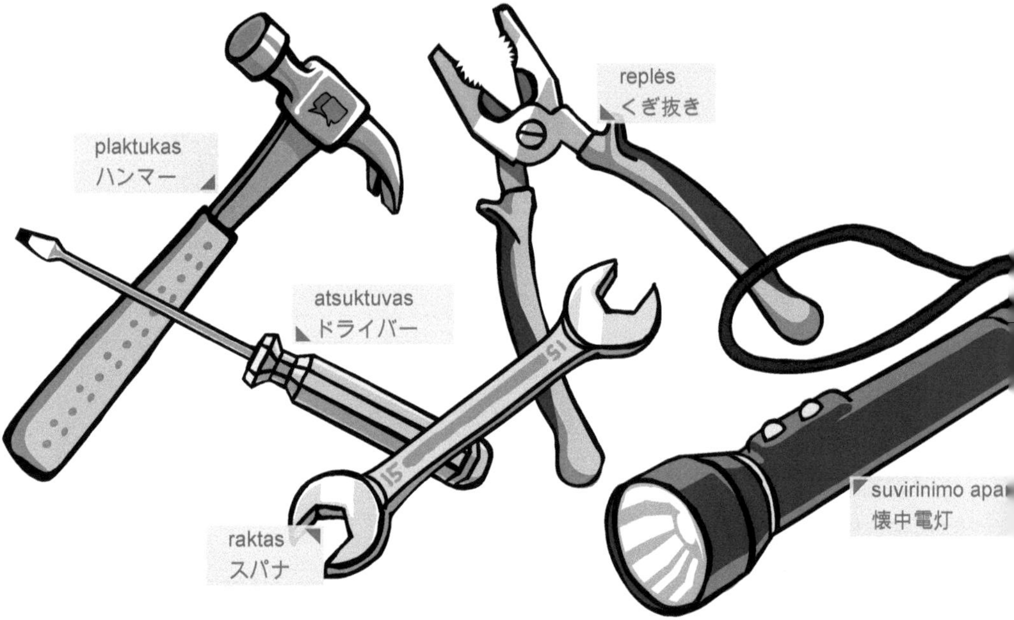
replės
くぎ抜き
plaktukas
ハンマー
atsuktuvas
ドライバー
suvirinimo apa
懐中電灯
raktas
スパナ

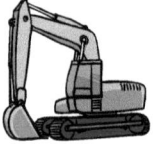

ekskavatorius
掘削機

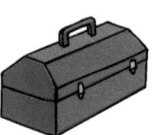

įrankių dėžė
道具箱

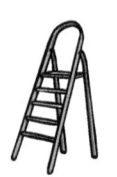

kopėčios
はしご

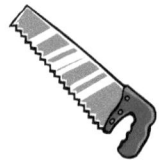

pjūklas
のこぎり

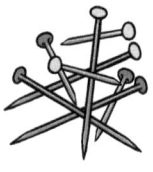

vinys
釘

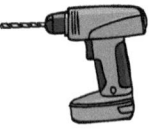

grąžtas
ドリル

taisyti

修理する

kastuvas

シャベル

Velniava!

クソ！

semtuvėlis

ちりとり

dažų skardinė

ペンキ缶

varžtai

ネジ

muzikos instrumentai

楽器

garsiakalbis
スピーカー

būgnų rinkinys
打楽器

gitara
ギター

kontrabosas
コントラバス

trimitas
トランペット

pianinas

ピアノ

smuikas

バイオリン

bosinė gitara

バス

timpanas

ティンパニ

būgnai

ドラム

sintezatorius

キーボード

saksofonas

サックス

fleita

フルート

mikrofonas

マイクロフォン

zoologijos sodas

動物園

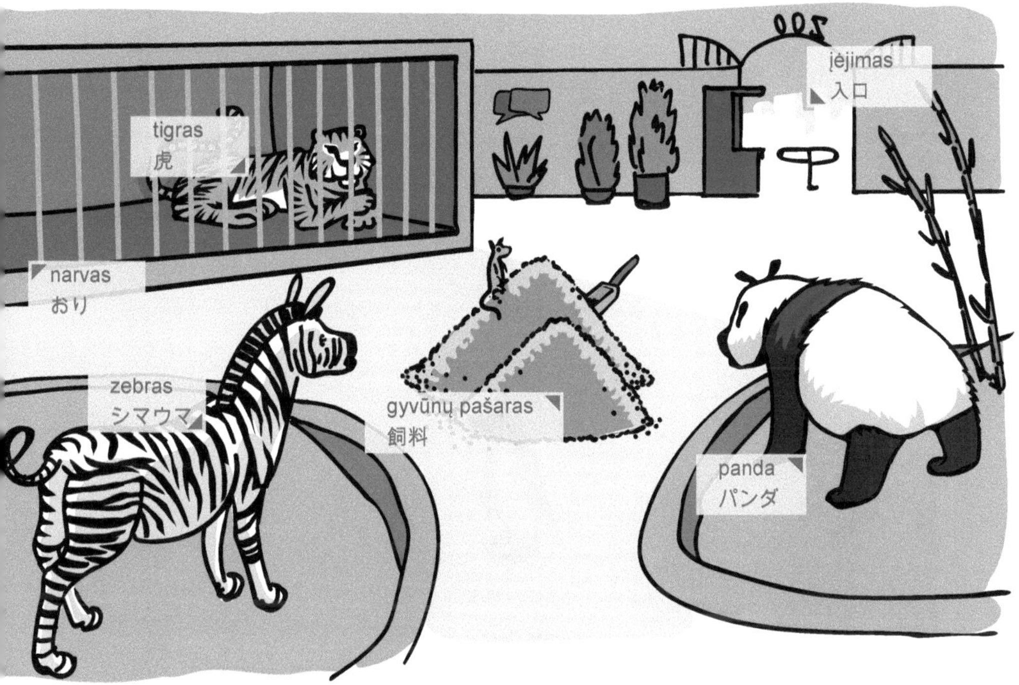

įėjimas
入口
tigras
虎
narvas
おり
zebras
シマウマ
gyvūnų pašaras
飼料
panda
パンダ

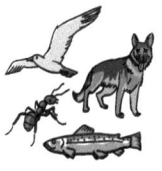

gyvūnai
動物

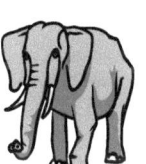

dramblys
象

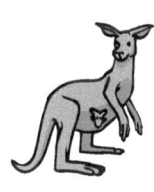

kengūra
カンガルー

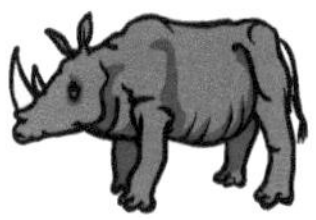

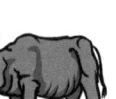

raganosis
サイ

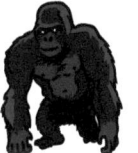

gorila
ゴリラ

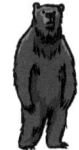

meška
熊

kupranugaris

ラクダ

strutis

ダチョウ

liūtas

ライオン

beždžionė

猿

flamingas

フラミンゴ

papūga

オウム

baltoji meška

白クマ

pingvinas

ペンギン

ryklys

サメ

povas

クジャク

gyvatė

蛇

krokodilas

ワニ

zoologijos sodo prižiūrėtojas

飼育係

ruonis

アザラシ

jaguaras

ジャガー

ponis

ポニー

leopardas

ヒョウ

begemotas

カバ

žirafa

キリン

erelis

鷲

šernas

雄豚

žuvis

魚

vėžlys

亀

vėplys

セイウチ

lapė

狐

gazelė

ガゼル

amerikietiškas futbolas
アメフト

dviračių sportas
サイクリング

tenisas
テニス

krepšinis
バスケットボ
ール

plaukimas
水泳

boksas
ボクシン
グ

ledo ritulys
アイスホッケー

futbolas
....
サッカー

badmintonas
....
バドミントン

atletika
....
陸上競技

rankinis
....
ハンドボール

slidinėjimas
....
スキー

polas
....
ポロ

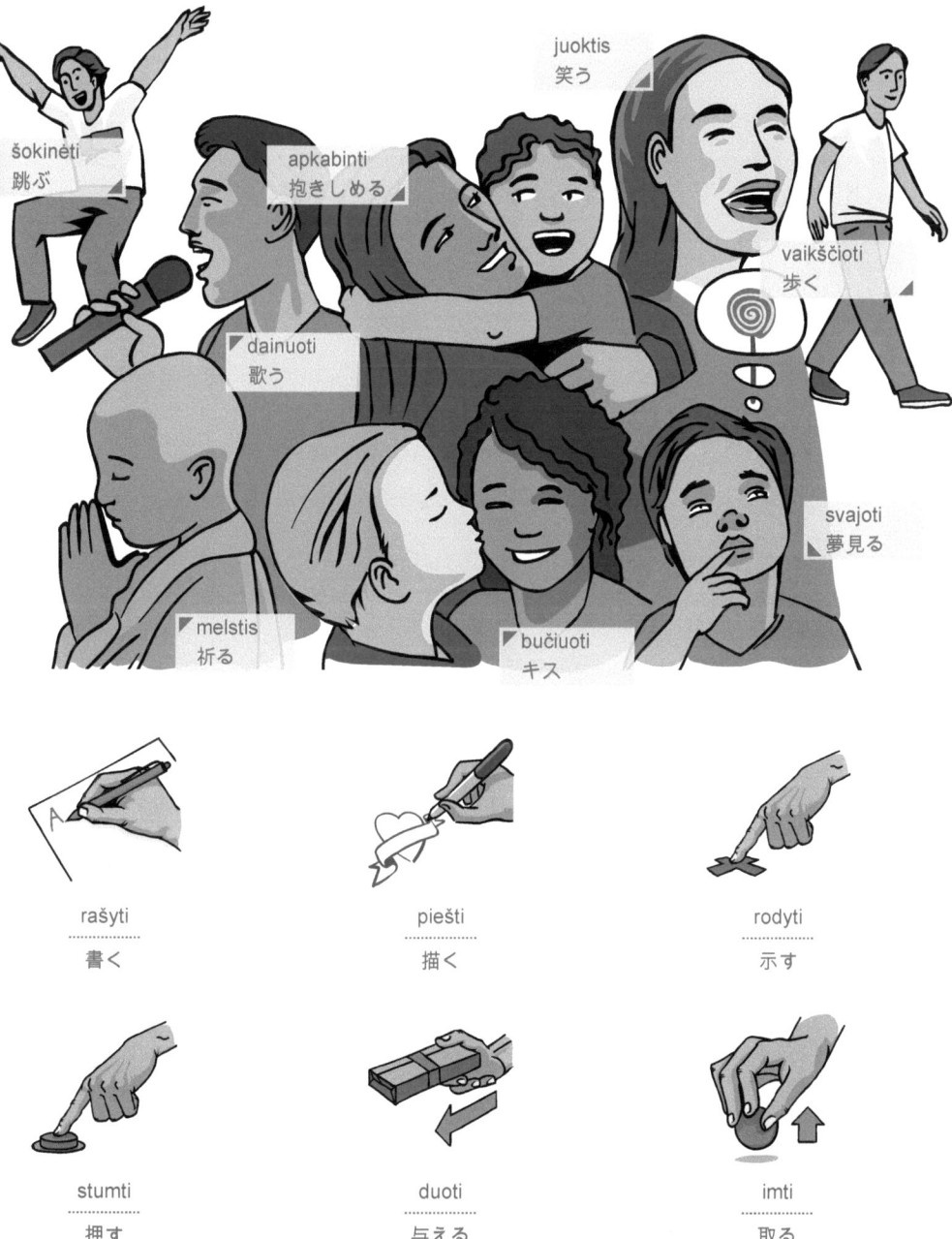

šokinėti
跳ぶ

juoktis
笑う

apkabinti
抱きしめる

vaikščioti
歩く

dainuoti
歌う

svajoti
夢見る

melstis
祈る

bučiuoti
キス

rašyti
書く

piešti
描く

rodyti
示す

stumti
押す

duoti
与える

imti
取る

turėti

持っている

daryti

する

būti

ある

stovėti

立つ

bėgti

走る

traukti

引く

mesti

投げる

kristi

落ちる

meluoti

横たわっている

laukti

待つ

nešti

運ぶ

sėdėti

座る

rengtis

着る

miegoti

眠る

pabusti

目が覚める

žiūrėti

見る

verkti

泣く

glostyti

なでる

šukuoti

櫛ですく

kalbėti

話す

suprasti

理解する

paklausti

質問する

klausytis

聞く

gerti

飲む

valgyti

食べる

tvarkytis

片づける

mylėti

愛する

gaminti

料理する

vairuoti

運転する

skristi

飛ぶ

buriuoti

ヨットに乗る

skaičiuoti

計算する

skaityti

読む

mokytis

学ぶ

dirbti

働く

vesti

結婚する

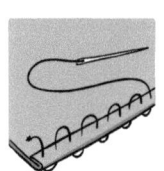

siūti

縫う

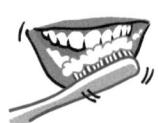

valytis dantis

歯を磨く

žudyti

殺す

rūkyti

喫煙する

siųsti

送る

senelė
祖母

senelis
祖父

tėvas
父

motina
母

kūdikis
赤ん坊

dukra
娘

sūnus
息子

svečias
お客様

teta
おば

dėdė
おじ

brolis
兄弟

sesuo
姉妹

kūnas
体

kakta
ひたい
akis
目
petys
肩
pirštas
指
veidas
顔
smakras
あご
plaštaka
手
koja
脚
krūtinė
胸
ranka
腕

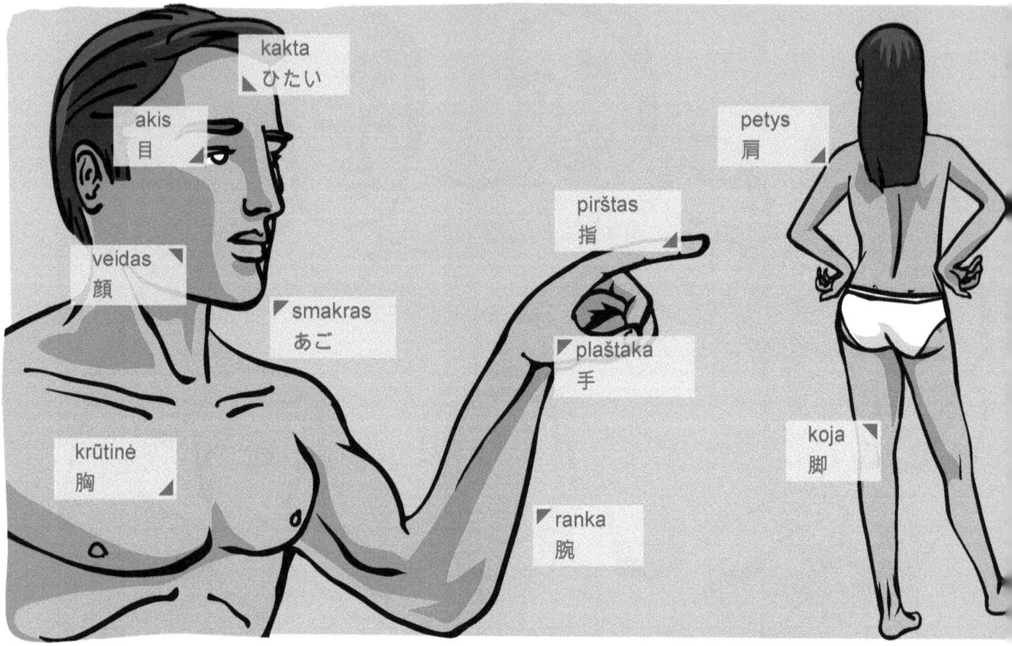

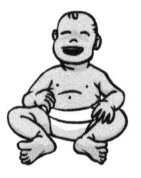

kūdikis
赤ん坊

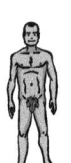

vyras
男性

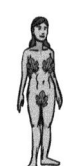

moteris
女性

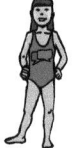

mergaitė
少女

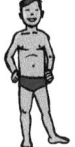

berniukas
少年

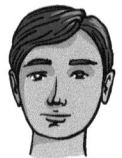

galva
頭

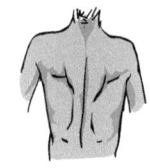

nugara

背中

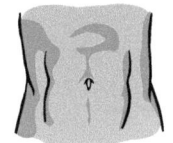

pilvas

腹

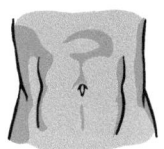

bamba

へそ

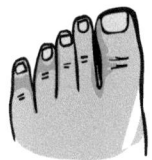

kojos pirštas

足指

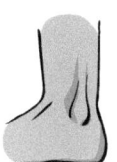

kulnas

かかと

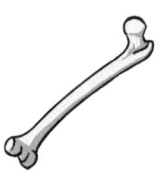

kaulas

骨

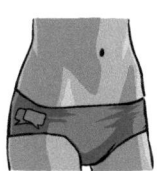

klubas

腰

kelis

ひざ

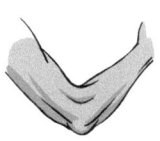

alkūnė

ひじ

nosis

鼻

sėdmenys

尻

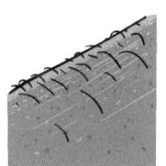

oda

皮膚

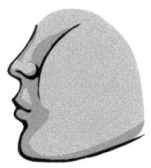

skruostas

頬

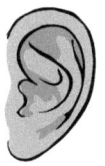

ausis

耳

lūpa

唇

kūnas - 体

burna

口

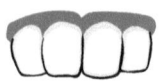

dantis

歯

liežuvis

舌

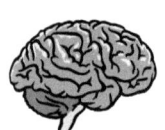

smegenys

脳

širdis

心臓

raumuo

筋肉

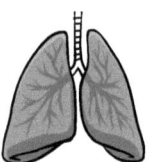

plaučiai

肺

kepenys

肝臓

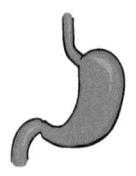

skrandis

胃

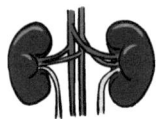

inkstai

腎臓

seksas

セックス

prezervatyvas

コンドーム

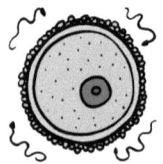

kiaušialąstė

卵細胞

sperma

精液

nėštumas

妊娠

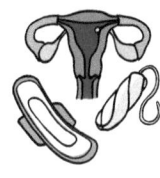

menstruacijos

月経

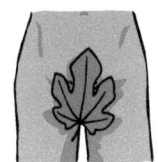

makštis

膣

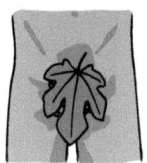

varpa

ペニス

antakis

眉

plaukai

髪

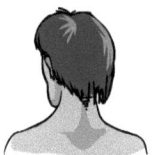

kaklas

首

ligoninė

病院

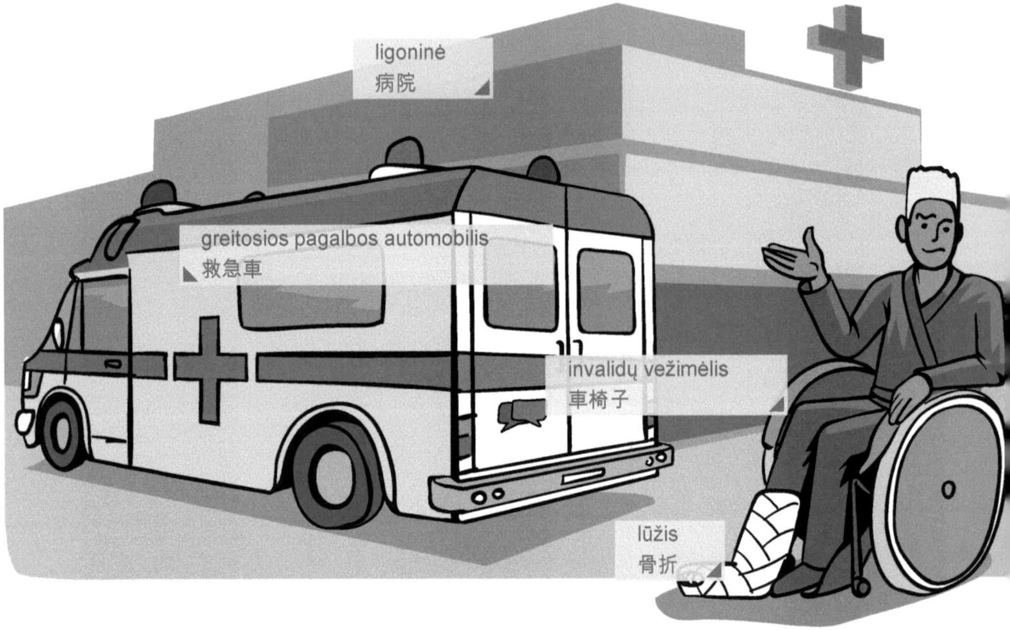

ligoninė
病院
greitosios pagalbos automobilis
救急車
invalidų vežimėlis
車椅子
lūžis
骨折

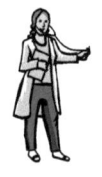

gydytojas
医師

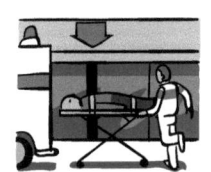

skubios pagalbos skyrius
救急治療室

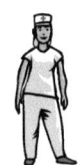

slaugytoja
看護師

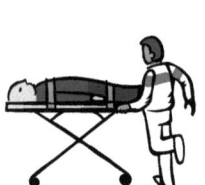

nelaimingas atsitikimas
救急

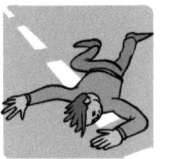

be sąmonės
失神

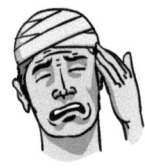

skausmas
痛み

sužalojimas

けが

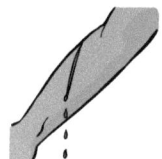

kraujavimas

出血

širdies smūgis

心臓発作

insultas

脳卒中

alergija

アレルギー

kosulys

咳

karščiavimas

熱

gripas

インフルエンザ

viduriavimas

下痢

galvos skausmas

頭痛

vėžys

癌

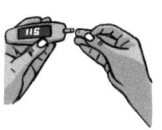

diabetas

糖尿病

chirurgas

外科医

skalpelis

外科用メス

operacija

手術

KT
CT

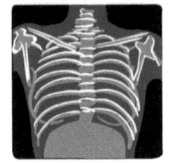

rentgenas
レントゲン

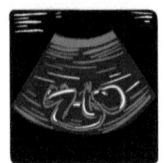

ultragarsas
超音波

veido kaukė
マスク

liga
病気

laukiamasis
待合室

ramentas
松葉づえ

gipsas
ばんそうこう

tvarstis
包帯

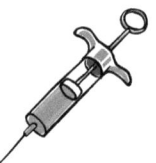

injekcija
注射

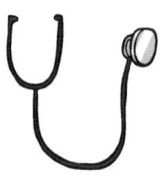

stetoskopas
聴診器

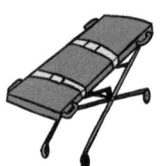

neštuvai
担架

termometras
体温計

gimimas
出産

antsvoris
肥満

klausos aparatas

補聴器

dezinfekavimo priemonė

消毒剤

infekcija

感染

virusas

ウイルス

ŽIV / AIDS

HIV / エイズ

vaistas

内服薬

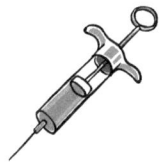

skiepijimas

予防接種

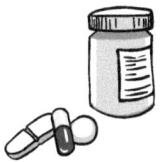

tabletės

錠剤

piliulė

ピル

kubios pagalbos numeris

緊急電話

kraujospūdžio matuoklis

血圧計

ligotas / sveikas

病気の　／　健康な

Padėkite!

助けて！

pavojaus signalas

アラーム

užpuolimas

暴行

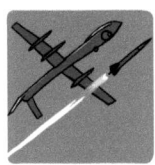

ataka

攻撃

pavojus

危険

avarinis išėjimas

非常口

Gaisras!

火事だ！

gesintuvas

消火器

nelaimingas atsitikimas

事故

pirmosios pagalbos rinkinys

救急箱

SOS

SOS

policija

警察

Europa

ヨーロッパ

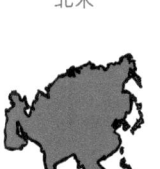

Šiaurės Amerika

北米

Pietų Amerika

南米

Afrika

アフリカ

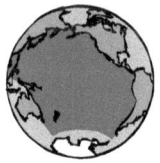

Azija

アジア

Australija

オーストラリア

Atlanto vandenynas

大西洋

Ramusis vandenynas

太平洋

Indijos vandenynas

インド洋

Pietų vandenynas

南極海

Arkties vandenynas

北極海

Šiaurės ašigalis

北極

Pietų ašigalis

南極

Antarktida

南極大陸

Žemė

地球

sausuma

陸

jūra

海

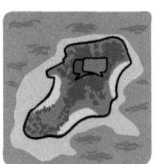

sala

島

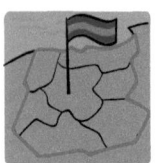

tauta

国家

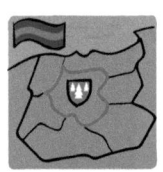

valstybė

国家

ciferblatas

文字盤

valandinė rodyklė

短針

minutinė rodyklė

長針

sekundinė rodyklė

秒針

Kiek valandų?

何時ですか？

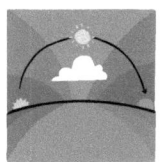

diena

日

laikas

時間

dabar

現在

skaitmeninis laikrodis

デジタル時計

minutė

分

valanda

時間

pirmadienis
月曜

trečiadienis
水曜

penktadienis
金曜

antradienis
火曜

TH
šeštadienis
土曜

ketvirtadienis
木曜

sekmadienis
日曜

vakar
昨日

šiandien
今日

rytoj
明日

rytas
朝

vidurdienis
昼

vakaras
夜

darbo dienos
営業日

savaitgalis
週末

metai
年

lietus
雨
vaivorykštė
虹
sniegas
雪
vėjas
風
pavasaris
春
ruduo
秋
vasara
夏
žiema
冬

4.APRIL 11°
5.APRIL 4°
6.APRIL 13°
7.APRIL 8°
8.APRIL 10°

orų prognozė

天気予報

F
C
120
90
60
30
0
-30
40
30
20
10
0
-10
-20

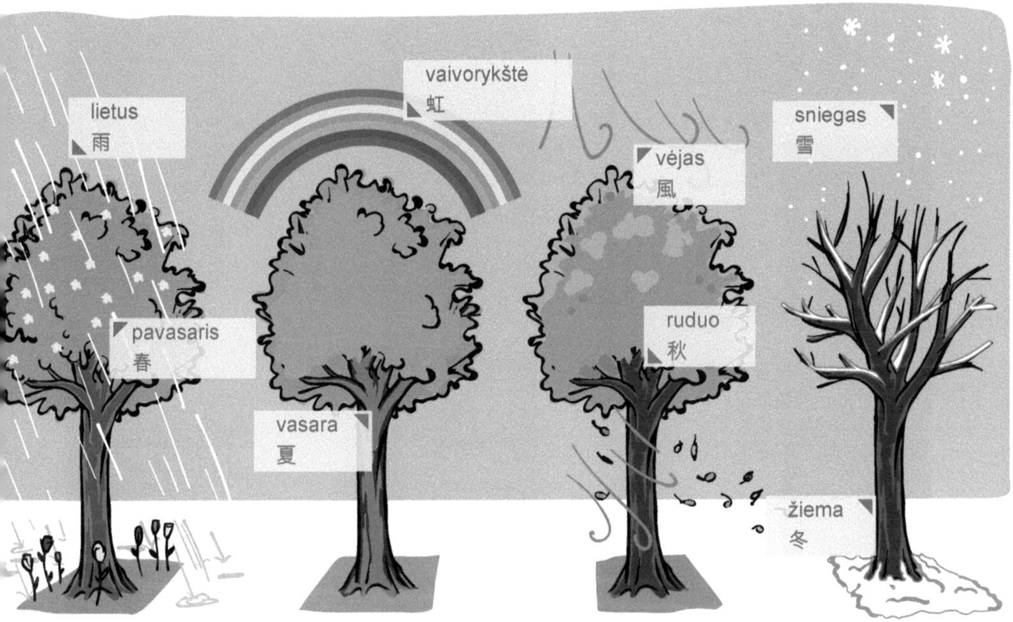

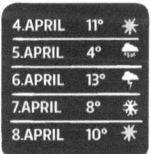

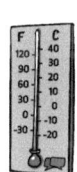

lauko termometras

温度計

saulės šviesa

日差し

debesis

雲

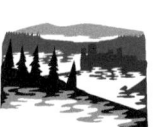

rūkas

霧

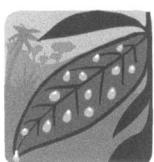

drėgmė

湿度

žaibas

雷

griaustinis

雷

audra

嵐

kruša

ひょう

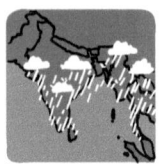

musonas

季節風

potvynis

洪水

ledas

氷

sausis

1月

vasaris

2月

kovas

3月

balandis

4月

gegužė

5月

birželis

6月

liepa

7月

rugpjūtis

8月

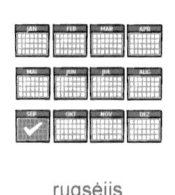

rugsėjis

9月

spalis

10月

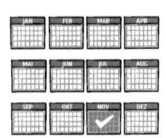

lapkritis

11月

gruodis

12月

formos

形

apskritimas

円

kvadratas

正方形

stačiakampis

長方形

trikampis

三角

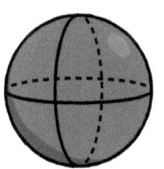

sfera

球

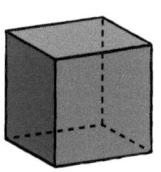

kubas

立方体

balta

白

geltona

黄

oranžinė

オレンジ

rožinė

ピンク

raudona

赤

violetinė

紫

mėlyna

青

žalia

緑

ruda

茶

pilka

灰色

juoda

黒

daug / mažai

多い / 少ない

piktas / ramus

怒っている /
落ち着いている

gražus / bjaurus

美しい / 醜い

pradžia / pabaiga

初め / 終わり

didelis / mažas

大きい / 小さい

šviesus / tamsus

明るい / 暗い

brolis / sesuo

兄弟 / 姉妹

švarus / purvinas

清潔な / 汚い

užbaigtas / neužbaigtas

完全な / 不完全な

diena / naktis

日中 / 夜

miręs / gyvas

死んだ / 生きている

platus / siauras

幅広い / 狭い

valgomas / nevalgomas

食べられる /
食べられない

piktas / malonus

悪意のある / 親切な

linksmas / nuobodus

興奮している /
退屈している

storas / plonas

太った / 痩せた

pirmiausia / paskiausia

最初に / 最後に

draugas / priešas

友人 / 敵

pilnas / tuščias

いっぱいの / 空の

kietas / minkštas

硬い / 柔らかい

sunkus / lengvas

重い / 軽い

alkis / troškulys

空腹 / 喉の渇き

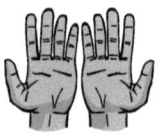

ligotas / sveikas

病気の / 健康な

nelegalus / legalus

違法な / 合法な

protingas / kvailas

賢い / 愚かな

kairė / dešinė

左に / 右に

arti / toli

近い / 遠い

naujas / naudotas

新しい / 中古の

niekas / kažkas

何もない / 何かある

senas / jaunas

老いた / 若い

įjungta / išjungta

オン / オフ

atidaryta / uždaryta

開いている /
閉まっている

tylus / garsus

静かな / うるさい

turtingas / vargšas

裕福な / 貧乏な

teisus / neteisus

正しい / 間違っている

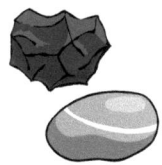

šiurkštus / švelnus

粗い / なめらか

liūdnas / laimingas

悲しい / 幸せな

trumpas / ilgas

短い / 長い

lėtas / greitas

ゆっくり / 速い

drėgnas / sausas

濡れた / 乾いた

šiltas / šaltas

温かい / 冷たい

karas / taika

戦争 / 平和

0

nulis

ゼロ

1

vienas

1

2

du

2

3

trys

3

4

keturi

4

5

penki

5

6

šeši

6

7

septyni

7

8

aštuoni

8

9

devyni

9

10

dešimt

10

11

vienuolika

11

12

dvylika
12

13

trylika
13

14

keturiolika
14

15

penkiolika
15

16

šešiolika
16

17

septyniolika
17

18

aštuoniolika
18

19

devyniolika
19

20

dvidešimt
20

100

šimtas
100

1.000

tūkstantis
1000

1.000.000

milijonas
100万

anglų

英語

amerikiečių anglų

アメリカ英語

kinų (mandarinų)

中国標準語

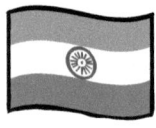

hindi

ヒンディー語

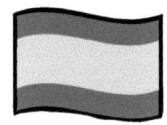

ispanų

スペイン語

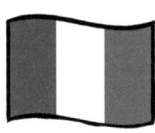

prancūzų

フランス語

arabų

アラビア語

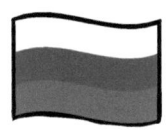

rusų

ロシア語

portugalų

ポルトガル語

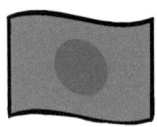

bengalų

ベンガル語

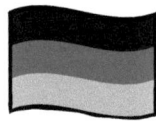

vokiečių

ドイツ語

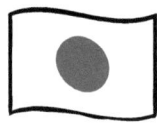

japonų

日本語

aš

私

tu

あなた

jis / ji

彼 / 彼女 / それ

mes

私たち

jūs

あなたたち

jie

彼ら

kas?

誰？

ką?

何？

kaip?

どうやって？

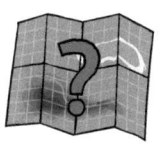

kur?

どこ？

kada?

いつ？

vardas

名前

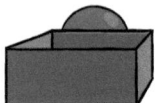

už

後ろ

kur (vieta)

中

priešais

前

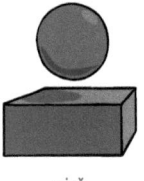

virš

上

ant

上

po

下

prie

横

tarp

間

vieta

場所